AF166431

Von Haut zu Haut

*132 Gedichte, was macht meine Liebe an dir
und an mir mit mir und mit dir?*

Lyrik.

Harald Birgfeld

Copyright 2014 *beim Autor, Harald Birgfeld. Alle Rechte vorbehalten.*

*Harald Birgfeld, geb. in Rostock, lebt seit 2001 in 79423 Heitersheim. Von Hause aus Dipl.-Ingenieur, befasst er sich seit 1980 mit Lyrik. Im Verlag **ars nova** erschien von ihm der Gedichtband, 295 S., "Auf deiner Reise zum Rande im Rande des Randes der Sonne".*
10 Gedichtbände sowie 2 Bücher in Prosa erschienen von ihm, in mindestens 23 Anthologien ist er vertreten. Harald Birgfeld schrieb seine Gedichte überwiegend während der Fahrten in der Hamburger S-Bahn zur und von der Arbeit.

Aus dem Gutachten, 1986, einer an der Universität Freiburg tätigen Literaturwissenschaftlerin:
"Es lohnt sich, einmal einen heutigen Dichter kennen zu lernen, der mit der deutschen Sprache einen faszinierend fremden Weg betritt und trotzdem dem Leser Freiraum lässt für eigene Gedankengänge, ohne dass die Probleme in erhobener Zeigefingermanier zu zeitkritischen Trampelpfaden werden."

Buchumschlag: Harald Birgfeld

Herausgeber, Autor, Redakteur: Harald Birgfeld.
e-mail: Harald.Birgfeld@t-online.de
Im Internet unter : www.Harald-Birgfeld.de

Herstellung und Verlag:
Books on Demand GmbH, Norderstedt
ISBN 9783738603866

4

6

Elfenhaut
Muschelhaus
Mädchenhaar

Mit dem Mund
Lauf ich das Rund
Deiner Perlen ab

Kuss an Kuss

Überfluss

Hat's geschneit

Filigran
Ornamente
Goldner Draht
Silbertropfen

Sollst an meine Türe klopfen
Ist nur angelehnt

Stehst davor
gehst vorbei

Habe mich nach dir gesehnt

Kommst zurück
Hab mein Herz
Nicht ins Schloss gedrückt

Leise flüstert der Spiegel

Zu schön
Zu schön
Zu schön für mich

Diadem
Hohe Stirn
Langes Kleid

Perlenschnur
Ins Haar geflochten
Ruft nach Muscheln
Ruft nach Tauchern

Meine Hände eilen
Stehen zwischen
Kleidersaum und Küste

Perlenfischer
Zwischen deinen nackten Schultern
Will ich sein

Tropfenperle
Hängt allein
An deinen Wimpern

Könnt es sein
Dass du ihretwegen
Weinst

Mein Blick
Fällt ins Tal

Habe mich in deinem
Medaillon
Verfangen

Beides ging verloren
Als dein Kleid
Sich öffnete

Leise flüstert der Spiegel

Zu schön
Zu schön
Zu schön für dich

Kuss in den Spiegel

Verschwind
Verschwind
So warne ich

Dann ritze ich
Mit einem Diamanten
Narben ins Gesicht

Fingerspitzen

Aufmerksame Reiter
Deiner Lippen

Heute ist in dir
Parade

Augenwinkel
Bleiben stehen

Im andren Tal
Verflachen sich
Die Berge

Das
Steineglühen
Scheint zu dir
Herüber

Karat im Haar
Den goldnen Stein gefasst
Ein schweres Diadem

Zunge gleitet
Über dunkle Lippen
Zündet Zähne an

Porzellan
Reif am Arm
Wiegt so schwer

Blaumalerei
Auf der Schaukel

Solltest du versehentlich
Als Königin
Geboren sein

Lockenhaar

Nackentuch

Goldbrosche

Falter deiner Schultern
Sind versteckt

Rotfleck
Auf der Stirn

Dort
Woher du kommst
Küsst man den Schmuck
Der Erde

Grün
Blau
Rot

Diamanten deiner Augen
Sitzen fest

Keine Farbe
Geht aus deinem Mund
Verloren

Sommer
Haut

Wassertropfen
Laufen über Samt
Bergauf

Perlenkette
Aufgesprungen

Tausend Muscheln
Lecken dich
Mit ihren Zungen

Mein Wunsch
Vor deinem Ohr

Tief im Berg
So sagtest du
Verdoppelt und verdreifacht sich
Der kleinste Laut
Zu ungeheurem Dröhnen

Mir fällt ein Ring
Zu Boden

Rendezvous

Zwischen
Schneidezähnen
Deine Perle

Wär es nicht dein Herz
Du würdest sie
Zerbeißen

Ring im Mund
Gold im Mund

Wär ich König
Trüg ich's Stirnband
Um die Zunge

Ring im Wasser
Schneller Fisch

Ließe mich so gerne
Fangen

Beide blinken
Unter meiner Brücke

Knöchelchen
Vor dem Kuss

Knöchelchen
Nach dem Kuss

Willst du
Edelsteine essen gehen

Wäre nicht
Dein Herz
Ich kümmerte mich
Um dein Herz

Mund
Auf Mund

Ich drücke deine Augen
Fest ins Schloss

Hinter deiner Tür
Seh ich die Kleiderschränke
Offen stehen

Rotstein
Im
Stirnreif

Jemand sprach
Von Glas

Mein Gott
Er übersah
Den Mund

Den will ich
Suchen

Mein
Fallen

Stumpf und ohne Glanz
Die Kette
Die mich halten soll

Ich würde es beschwören
Wäre es nicht Nacht

Das Gold
Von dem ich red
Ist warm und weich

Hände voll
Trag ich es ab

Du hauchst gelassen
Auf die Spiegelfläche
Deines Ringes

Wäre nicht dies Wort
In meinem Ohr

Treppauf
Treppab

Kuss im Mund

Keine Tür

Über
Deiner Brust

Immer
Stolper ich zuvor
Roll aus

Du liebst
Die Perlen
Deiner Haut
Viel mehr

Golddraht
Im Haar

Du bist streng
Wenn du dich selber
Fängst

Einmal
Fallen deine Tränen
Hart zu Boden

Wahrhaft
Silberkugeln
Haben wenig Wert

Telefon
Ich glaub dir alles

Reißverschluss
Der Haut

In deiner Hand
Ist immer
Die Belohnung

Heimlich
Ans Schmuckkästchen

Mich erschrickt
Darinnen
Deine Hand

Zweifach nähtest du
Die Tür
Ans Herz

Kettchen
Fußgelenk

Mein Mund
Am Boden

Später erst

Goldreif
Spannt ums Herz

Warum

War ich blind

Bin ich blind genug

Fingerfreier
Ring

Hier oben löste sich
Durch meine Schuld
Der Steinschlag aus

Vor dem
Zwischenraum

Nie entziffer ich
Die Worte
Die du auf den
Spiegel hauchst

Du bekommst
Von dort sogar
Die Antwort

Einen
Wassertropfen
Gab ich frei
Sonst galt alles
Meinem Durst

Der ließ mich nicht
An sich heran

Loses
Stirnband

Für den goldnen Fisch
Gäbst du den
Ganzen Kopf

Mit der ersten Sonne
Sah ich auf
Mein Werk

Du fuhrst die
Fingerspuren ein
Vergabst für jede
Einen eignen Namen

Meine Hand
In deiner

War erst Gruß
War dann
Umarmung
Nun sind wir
So wie wir sind
In Stein
Geschlagen

Flieder
In deinem Haar

Letztes Mal
Standst du noch nicht
In Blüte

Beifall
Der dir gilt

Alltagsglück

Früher trug man
Siegern
Kleidung
Nach

In deiner Rolle

So
Ist Schlaf
Verlangen

Treu

Nicht treu

Ohnmacht

Macht

Im Kinderreigen
Sah ich
Fassen sich die Kleinen
An die Hände

Kleines Lied

Ungestört

Du hörst dir
Gerne zu

Es spricht
Kein
Edelstein

Du lauschst

Es dürfte auch
Nicht sein

Ungeklärter Hunger

Alles war mir frei

Auch das
Heute

Herrschaft
über mir

So
Bin ich taub
Mit deinem Fuß
Auf meinem Ohr

Und höre alles

Lausche
Durch dich durch

Du lässt dir gern
Das Silberfell
Des jungen Mädchens
Lecken

In deinen
Augen

Täglich höre ich
Von neuen Gärten

Flieder
Vor dem Haus

Blaudolde
An mir

Wie soll ich euch
Ertragen

Deine Lider
Reisen über
Beide Augen

Abends werden wir
Zuhause sein

Der Horizont
Geduldet sich
Wie immer

Weit im Nacken
Regnen deine Locken
Ab

Du
Brüstest dich

Die Frau des Freundes
Ist ein Platz
Für zwei

Wärme ist doch
Unpersönlich

Nichts
Bemerken

Deine Augen
Wurden außerhalb
Gefangen

Stundenlang
Verhör

Dann spreche
Ich sie aus

Schwer wiegt eine
Goldzahl
Wenn sie fällt

Aufgerichtet

An der Silberbrosche
Wachsen Blüten nach

Das war meine
Zeit

So vertraut

Heimlich
Beißt du
In den Duft
Des Flieders

Ich schloss meinen
Mund
An deiner Kehle

Du dachtest nach

Lange dachtest du

Es störte dich
Das Wassertropfen

Eine Überschwemmung
Schlosst du aus

Ich
Ein Sandstein

Ich
Ein Stein aus Sand

Ich
Ein Sand im Sand

Ich
Ein Stein im Stein

Ich schneide mich
Nun auf

Du warst überzeugt

Es gab nichts mehr
Das du dir hättest
Sagen können

Jetzt galt
jeder Grund

Im
Tapetenmuster

Türen gehen
Ständig auf
Und auf
Und auf

Niemand schließt
Sich ab

Gleich dahinter
Ist die Mauer

Fast schon Winter

Tannen
Veilchen
Dunkelheit

Kerzenschimmer

Du gehst leise
Über deine Haut

Ich
Dein erster Knecht

Du gehst
Unter deinem Stirnband

Reich bist du besetzt
Mit meiner
Dienerschaft

Dein
Fuhrmann

Weit
Von deiner Welt entfernt
Treib ich
Dich an

Pelz

Dir wächst
Das Haar nach außen

Ich trag mein Fell
Nach innen

Goldband
Halsband
Stürzt kopfüber
Schlangen gleich
In dein Kleid

Stiege gern
In diese Grube

Spur
Im Pelz

Alle Schienen
Münden dir
Im Kopf

Erzähler

Deine Lust

Lügen haben
Keinen Platz

Ich musste dich darum
Belügen

Hals am Bändchen
Ring am Händchen

Auge springt durch Reifen

Nah
War nah genug

Fern
War immer noch zu nah

Blaue Pfeile
Sprangen aus dem
Schmuckstein
Jagten mich
Trafen in mein
Auge

Nun war
Abschied endlich

Leben kam
Von
Zeit
Zu
Zeit

Großmut

Dein Gefährte
War aus
Stein

Drüben stelltest du ihn
In den
Fluss

Abschnitt

Etwas
Fehlte noch

Kein Dienst
Ist unpersönlich

Verliebt

Vertraut

Dieses Mal
Verwehre ich mir nicht
Den Kuss
Aus eigner Haut

Im
Brunnen

Wenn die
Freiheit fällt
Schlägt nichts
Mehr auf

Meinen Handschuh
Werf ich
Hinterher

Das Leben
Ist von nun an
Schwarz
Und weiß

Kettchen
Hals
Medaillon

Meine Augen
Kommen nicht davon

Winterhimmel

Schwarzpunkt
Über mir im Flug

Du liebst die strenge
Trockne Kälte

Was wohl wäre
Wenn ich dich
Nicht hätte
Fliegen lassen

Zu spät
Um früh zu sein

Zu früh
Für eine
Späte Stunde

Alles ist dir recht

Dann hängst du die
Erinnerung
Zum Trocknen
Auf die Leine

Alltagsglück

Morgens bleibt dein
Nachtkleid
Ungeordnet

Abends helfen wir uns
Gegenseitig

Nachts hängt das
Geschirr
Am Haken

Goldzügel
Am Hals

Alles flechten
Wir uns selbst

Ich stehe schon
Im Zaumzeug

Schmerzlich

Der Grund

Deine Hände
Sind heiß

Meine Füße
Stehen unter Wasser
Neben deinen

Betroffen

Nichts traf dich
Und nichts
Traf zu

So sitzt du auf dem
Koffer

Zartgefühl

Ich kann nichts
Gegen deine Augen
Machen

Warmer Sommerregen
Tritt aus deiner ganzen
Wolke

Rundherum
Schaust du
Auf mich

Ob du
Mich siehst

Deine Rolle

Dir
so sagtest du
Bin ich die
Bühne
Publikum
Und das Geschehen

Meine Rolle

Rotstrich

Fingernagel
Ritzt die Haut

Die Ringe
Deiner Hand
Sind neu
Alles
Sagst du
Habe ich von dir

Zu dumm

Erschrecke
Wie ein Kind
Weil meine Hand
Kristallen klar
Gefroren ist
Und macht
Was sie zu machen hat

Von mir
Lässt sie sich nicht mehr
Dirigieren

Gestern bin ich
Meiner Haut
Begegnet

Ja
Es ging ihr gut

Sie ließ mich
Grüßen

Drüben
Steht mein Kopf

Er ruht sich aus

Früher waren wir uns
Nicht so einig

Kein Wort

Kein Einzelfall

Kein neuer Abschnitt

Alles
Bleibt den Bildern
Überlassen

Ruhe an der Wand

Langsam regt sich
Ihretwegen
Etwas

Neubeginn

Blumen
Auf dem Kopf
Auf deinem Kopf

Du wolltest
Keinen Garten
Mehr berauben

Die
Fingerspitzen eingefahren

Unverletzend
Willst du sein

Über dir
Spannt sich
Das Netz
Aus Eigenhaut

Ich umfasse dich
Von hinten

Jeden Morgen
Kämmst du deine Nacht
Auf gleiche Weise
Aus dem Haar

Im Spiegel wird
Mein Sehen
Überlaut

Einmal reißt
Der Kamm sich los
Und schlägt
Auf mich

Ein Tier
In deinem Arm
Und mich
Auf deiner Zunge

In der Freude
Zündest du
Die Haare
Deines Körpers
An

Ein
Zeigerpaar

Wir stehen uns
Entgegen

Andre lesen
Unsre Uhrzeit ab
Nur
Um sie zu vergleichen

Zu spät

In meiner Stirn
Hat man
Die Schilder
Ausgetauscht

Nun fahr ich dich
In eine
Falsche Richtung

Sandstein

Daraus wollte
Ich dich schaffen
Dich
Mein größtes Werk

Am Leben
Warst du
Lange schon

Die Trockenheit
Der Winterbäume

In der Küche
Gab es keine
Jahreszeiten

Sonst warst du
Mir gut

In jeder Brandung
Sagst du
Stehen Felsen

Kettchen
Gold
Fußgelenk

Zehenspitze
Tänzerin
Auf meiner Haut

Fluchtpunkt

Diesmal
Außerhalb

Fluchtort

Diesmal
Innerhalb

Flucht

Nein

Auf der Flucht

Die Schnur
Am Hals

Wär ich nicht
Am Band
Ich liefe meinem Kopf
Davon

Ich
Bin ein Organ
Weil ich lebe

Ich sterbe

Ich bin ein
Ein Organ
Weil ich
Tot bin

Ich bin
Ein Organ
Das schlägt

Ich biete mich an

Das geht nicht
Ich töte
Mein Organ

Das geht

Nun nimmt man
Mich an
Anonym

Hebe mich doch auf

Die Straße ist ja
Voller Menschen
Dass man nicht
Zu Boden
Greifen kann

Ein Stern
Aus der
Milchstraße

Zeige nichts

Es ist ein
Geschenk
Von mir

Ich
Versuchte
Deine Brust
Die Milch
Kam nicht

Dein Schoß
Liegt jetzt
Im Nachbartal

Die Zeit
An meinem Arm
Die Zeit in meiner Hand

Lederschnur
Goldnes Band
Ändern nichts daran

Als Frau
Gebierst du
Meinen Wunsch

Ich bitte dich
Lass mich
Mich
Für dich
Wünschen

Vor dem Spiegel

Kümmerst dich
Nur noch um dich

Badende
Vor kaltem Wasser

Aufgetaucht

Wäre fast
In dir ertrunken

Deine Sorge galt
Nicht mir
Dort drinnen

Stein in blau
Stein in rot
Stein in grün
Stein in weiß

Ganz allein
Niemand weiß
Dein und mein

Schwarzer Mund

Mein ganzer Schreck
Springt vor die Tür

Ich glaube wirklich
Was ich sehe
Und an Farben

In dem Wasser
Treibt ein Lippenpaar
Vorbei

Ich brauchte keine Segel
Mehr zu setzen

Irgendwann
Denkst du
Werd ich mich wohl
Auf dich besinnen

Irgendwann
Denkst du
Werd ich an dir
Wohl das Ertrinken
Enden

Die Axt
Im Fuß

Das Lederband
Am Handgelenk

Die dumme Freiheit
Will mich lausen

Später geh ich
Arm in Arm mit dir
Als wäre nichts

Kein fremder Blick

Selbstvertraut

Herrlich ist der Kuss
Auf kaltes Porzellan

Spiegel schreckt
Mich nicht

Bald ist
Angerichtet

Glaubst mir nicht

Ich sage
Was du glauben willst

Später
Als es unwahr wird
Bist du es
Die mich nach Umarmung
Drängt

Nun erst sind dir die
Gräser meines Nackens
Weich und duftig

Vogelschwarm
Steigt auf
Aus deinen Augen

Soviel ist gewiss
Die Nester liegen
Außerhalb

Nachts bin ich
Bei dir zu Hause

Zungenspiel
Spüre nichts vom Schmelz
Der Perlen dir am Hals

Zungenspiel im Kuss

Zähle alles aus
Im Rund

Weiß zu viel

Hand in Weiß

Mund in Glas gefasst

Zunge außerhalb

Versehentlich
Ließ ich die Türe
Offenstehen

Gleich dahinter
Lag dein Leben
Auf der Lauer

Winzig war die Kugel
Die mir galt

Ein Nadelstich
Nicht mehr

Mein Kopf
Hat eine achte Öffnung

Gut
Dass du
Nicht auf mein drittes Auge trafst

Das lauert
Hinter meiner Stirn

Einmal flog ich
In die Gitterstäbe

Nichts half mehr

Daneben standen
Alle Türen offen

Das war nicht genug

Ein Loch
In diesem Augenblick

Die Zeit
Schloss einfach auf

Von mir kommt
Nichts zurück

Zu deinem Schutz
Leg ich den Balken
Vor das Tor

Fenster
Auf der Wand

Du winkst
Und siehst hindurch
Und lachst nach draußen

Ich versuche ganz umsonst
Dir alles
Nach zu machen

Bunter frischer Blumenstrauß

So lieb ich dich
So mag ich dich

Mit neuen Farben

Male ich die Worte aus
Die du gleich
Sprechen wirst

Straßenschild

Erinnerung

Wenn ich
Nach Hause gehe
Danke ich
Für jede Hilfe

Gehäuft

Ich geb es zu

Ich küsste dich
Bergauf

Nachts zerbrach ein Glas
Und spiegelte
In jeder Scherbe
Teile deiner Schenkel

Spät entdecktest du
Dass ich
Ein Fischer
Meine Körbe selber flocht

Mir lief kein
Wasser aus

Du dachtest immer
Ich sei dir
Und mir
Das Netz

Unter
Deiner Brust

Ich wünschte
Sie sei schwerer

Unter
Deiner Brust
Halt ich mir
Beide Augen zu
Und seh auf dich

Du musst dich
Links und rechts
Von meinem Kopf
Aufs Laken stützen

Dann
Gibst du dir nach

Deine Finger spüren
Nach dem Ohrgehänge
Tasten nach dem Stein
Prüfen das Geschmeide
Nichts darf dir
Verloren gehen

Lächelnd siehst du zu
Dass dich mein Mund
Beraubt

Reisezug

Im Fenster läuft das Band

Ich habe
Es sehr eilig

Deine Augen
Suchen an der Decke
Einen festen Halt

Sonst hältst du
Ganz still

Eine Ampel
Auf dem Nachtschrank

Endlich dreht sich wieder
Eine Spielzeugmühle

Du kommst Nächte lang
Nicht heim

So würde ich dich
Auch nicht
Ziehen lassen

Das Zimmer
Ist nun soweit leer

Ich bleib zurück
Und denk an mich

So kann ein Leerraum
Doch nicht
Existieren

Warten könnte ich
Auch ohne mich

Ein Spiel
Von Haut zu Haut

Die Treppe
Führt hinab

Am Ende
Ist kein Ende

Nur
Weil du mir winkst
Geh ich in Ruhe
Weiter

Weitere Veröffentlichungen von Harald Birgfeld im Verlag:
Books on Demand GmbH, 22848 Norderstedt

and I said to myself, what a wonderful world
36 Gedichte mit fantastischen Inhalten, 44 S. Format A5
Für dich...
43 Liebesgedichte und 15 Augen-Blicke, 32 S. Format A5
Gedichte, veröffentlicht in ausgewählten Anthologien, und
Namenlos von meiner Insel, 42 Briefe
Lyrik, 112 Seiten, Format A5
Honigweißer Duft
14 fantastische Gedichte, 32 S. dabei 14 farbige Seiten, Format A5
Mund aus Glas am Rand aus Fleisch
114 Gedichte, Schwarze Liebeslyrik, 120 S. Format A5
Sofortige Lähmung
112 Gedichte aus dem Innersten, 72 S. Format A5
Unter einem Mikroskop
36 Gedichte für eine parallele Welt, 28 S.
Wo die schwarzen Blätter wachsen
129 erotische Gedichte? 76 S. Format A5

Prosa:
Die Tätowierungen der jungen Tanja W.
„Die Tätowierungen der jungen Tanja W." handelt von der
Selbstsuche und Selbstfindung einer jungen Frau, 132 S. Format
A5

Ingenieursarbeiten:
Fünf Veröffentlichungen/Five Publications (deutsch/englisch),
32 S. Format A5
Theorie und Utopie der eigenen Zeit,
Theorie und Utopie der anderen Zeit.
Die Zeit der Gleichungen ist vorbei
Societ lyrics, was ist das?
Folienbilder-Entstehung
Kleine Fibel Arbeitsschutz *(für die praktische Arbeit) an:*
„Hochschulen"/ „Kindergärten"/ „Schulen".
